ワクワクする！
67歳からのはじめての一人暮らし

はじめに

夫が亡くなって三ヶ月後、東京から小田原に引っ越してきた。高齢の義母と老犬、そして息子と一緒に二〇一七年の秋に初めての街に移り住んだ。

生活の縮小が主な目的だったけれど、何より義母と愛犬スーが安らかに最期を迎えられる場所、そして私が楽しめる場所を！　と選んだのが小田原の海辺の街だった。

義母の母親の故郷だったことは偶然だったけれど、やはりどこかで繋がっていたんだなあと思う。義母は一年目からデイサービスに通い、楽しみをいくつか見つけていたけれど、小田原での四回目の春に九十七歳で元気に逝った。

翌年の春、同じくスーもホッとした顔をして旅立っていった。同年の夏、息子は独り立ち、家を出た。

そう！　小田原に移り住んで六年目、とうとう私は一人暮らしとなったのだ！

六十七歳からのはじめての一人暮らしってどんなものなのでしょう？

寂しいのか？　お気楽なのかな？　心細いものなのか？　全部含めて一言で言うと、私はワクワクの気持ちが一番勝っていた。今までしたことのない生活の始まり。なんでも初の体験や新しい生活のスタートの時に感じる高揚感に胸が躍った。

前しか見るところはない！　と思うと振り返ったり懐かしんだりする時が惜しいような気がして、新しい住処探しを始めたのだった。

「もう一回りの生活の縮小」は一人暮らしには必須！　とまずはお引っ越しの鉄則である持って行けない物の処分を手始めに心の整理もついでにしていった。思い出の家具だって今度の家には入らないから手放し、大きいテレビもいらないと判断。今度の住処はコンパクトにできている公営の集合住宅だ。昭和レトロ感漂うアパート。

引っ越しを終えて、今やっと本当の一人暮らしが始まったのだと強く実感している。カーテンを開け、窓から眺める新しい風景に、お楽しみはこれからだ！　と声に出して言ってみる。

ますますこれから先が楽しみになってきた。

目次

一人で迎えたはじめてのお正月
「赤いノート」に書き込む大事なこと

初めて一人の年末と年始を迎えたのは二〇二二年の年越しだった。いつもは家族全員揃って過ごした日々だったけれど、ワンコもなしのとうとうおひとり様に。娘一家四人で来る……という案もあったけれど辞退した。それぞれにやりたいことも出てくる歳の孫ら（九歳と二歳）。それに年末年始の「食事のご用」から私自身が解放されたいという気持ちが強かった。

もともときちんとお節料理を用意していた訳じゃなかったけれど、それでも三度三度用意する数日はなかなかなもの。孫らと楽しもうとゲームなどするも時間を持て余すのが本音です。お互いのために別々にと提案しはじめての一人年越しとなったのだ。

年末は普通よりちょっと気を入れた掃除をし、自分が好きなお節だけ用意した。伊達巻、かまぼこ、煮しめ程度で充分。もちろんお雑煮の用意は抜かりなく。ワインやビールもちゃんと買い置きね。除夜の鐘を聴きながら一人うとうとするソファーの上。

元旦は赤いノートへの書き込みから。一年の計は赤いノートにあり。私の死後のために書いているノートだ。例えばSNSのパスワードとか、銀行の諸々《もろもろ》の番号ね。夫が亡くなった時に「聞いときゃよかった!」と思うことがいろいろ多くて困ったので、ノートに記すことにしたのだ。

親しい友人のアドレスも書いてあるけれど、亡くなったりすると書き換えが必要。

「書いておいてよ」と言われたので、お頼みしたい埋葬方法も記してある。お正月にするのは上書きするのを忘れないためと、今年も変更なしと書き込めて良かった、これからもまた一年元気でいこうと思えるから。死後のための赤いノートは、めでたいノートでもあるのだ。

二度目の引っ越しで
少ない部屋数、家賃は三分の一に

「また引っ越しをしようと思うのよ」

と友人に言ったのは二〇二二年の年末だった。

申し込んでおいた公営の集合住宅に入居オッケーがトントンと決まり、翌年の三月にはスピード転居となった。

「決めたらやること早いね〜」

と友人は笑っていたけれど、引っ越しをしようと決めたのはもっとずっと前のことだ。でもそれはうっすらと。クリアに本気で意識したのは愛犬スーが死んだ時だった。

心臓も悪かったし腹水抜きに通院していたからなんとなくの覚悟はしていたけれど、やっぱりね、目の前で息引き取られると切ないものである。家の中に何も動くものの気配がしなくなったら急に、一人になったのだなと強く実感した。

小田原の家で義母とスー、どちらも安泰のうちに見送ることができたのだから、これからは自分一人で持続できる暮らしを探っていこう！　と決めた。アパートの住居は今までよりコンパクトになった部屋だ。動きやすく日当たりのいいベランダも好ましい。そして家賃は三分の一に！

生活と経済の縮小はこれでかなった気がした。これからはいかに住み心地よく整えるかが課題。大幅に変化した水回りに戸惑いつつもガスコンロや湯沸かし器を買い揃えたり、カーテンを工夫したり。半畳ほどの玄関にはジョイントカーペットを敷き詰めた。楽に引っ越すことができたのはひたすらに家族と友人らのおかげだ。六年の間に小田原ラブになってしまい、離れることができずに隣町に移り住んだよ。引き続き借りている家庭菜園までは自転車で四十分。脚力つけるためにもしばらくは通う予定。

夫、義母、愛犬、六年で見送った それぞれの最後

二〇一七年の夏から六年の間に、夫と義母と愛犬を見送った。十六年間もいっしょにいた犬っころはもはや我が子、まとめて三人ということでどうかひとつ。

誰よりも長い年月、四十一年間もいっしょに暮らしたのは義母。逝ったその日まで在宅介護をした。

起き上がれないほど弱ったのはほんの半年ほどで最後まで頭ハッキリ耳バッチリの人だった。身の回りのことはほとんど自分でできたけれど、もう起き上がれなくなってからは、いろいろ手を貸さないと日常生活が難しくなっていった。できるだけがんばろう！　と思っていたものの本物の介護が現実になると、想像以上の大変さ！　シーツ替え、着替えを始め、点滴のチェンジやタンを取ることなどやることいっぱい。下もね。

ある日ついに爆発って感じでケアマネージャーさんに「わたしラクがしたいです」とリアル本音を訴えた。ケアマネさんは「しましょう、ラクしましょうよ！」と賛同してくれ、介護のプランの見直しや立て直しをしてくださった。

それからは訪問看護師やヘルパーさんの人数と回数を増やし、ベッドも最新のものに交換。私も義母も楽なようにと考えてもらった。自分では思いつかないような介護グッズもたくさん教えていただく。

刻み食からドロドロ食に移行する際も、「全部手作りじゃなくてもいいんですよ」と離乳食にそっくりな介護食を教えてもらう。「ガマン大敵ホンネ優先！」で良かったんだとしみじみ思う。共倒れにならずに済んだもの。

愛犬スーは十六歳になった春に逝った。数か月病院通いしたけれど、最期はす〜っと息を引き取った。スーだけに……なんてね。

私にとって二〇一七年の夏ほど暑かった夏はない。アスファルトの道路、地下鉄に乗って病院通い。夫は二〇一七年の春からググッと体調を崩し白血病をわずらい、大健闘もむなしく意識をなくした日から顔に人工呼吸器のマスクをつけられた。私も夫といっしょに機械のリズムに合わせて息をしてみたら、とても苦しくなった。人っていつもはそう規則正しく安定した呼吸などしてないのだろう。ため息とか吐息とか浅い深いなど、おかず的呼吸があってこそきっと肺も心地よく活動できるはず。

七月七日の明け方、夫からマスクが外された。ああ、これであの苦しい呼吸から解放されるんだなとほっとしたのを覚えている。良かったと思った。

義母さんが逝ったのはポカポカした春の午後のこと。遊びに来ていた小さいひ孫らの側で眠ったたまんまで。息子に遅れること四年、やっと後を追えた。先生が死亡証明の書類を記入しながら「在宅で、それも老衰で亡くなるなんてすごいことなんだよ」と言ってくれた時、また畑の仲間からの「九十七歳だとぉ？　昔なら赤飯炊くようなこった」との言葉にはグッときた。

夫、義母、愛犬。三者三様の亡くなっていくまでの最後の姿を私に見せてくれたんだと思う。

オマケだけど、義弟のお葬式もこの間に挟んでいる。夫と折り合いが悪く付き合いが薄かった義弟だったけれど、義母の納骨と時同じくして壺を並べ墓に納めた。

時々思うのだ、私が夫より先においとましていたら？　残された夫は母親やスーの面倒やらなんやらを、仕事と両立して首尾よくやれたのかな？　と。まあ子どもらと協力してなんとかこなしたとは思うけど、でも私の方でゼッタイ良かったんだと信じたい。残った者のプライドとしてね。

「ヘイ、シリ！」と使いこなしていた義母を見習いパソコン接続に挑戦！

引っ越して一番困ったのは機械関係の接続だった。まず洗濯機、そしてパソコンだ。息子をいちいち呼び出すのはもうマズいような気がして、今後は自分でやってみようと決心した（せざるを得なかった）。

以前、義母がベッドから動けなくなった時期に、息子は一つの「お饅頭」のような機械をプレゼントしていた。「これに話しかければラジオもつくし、今日が何曜日かもわかるよ」とそれは魔法のお饅頭だった。はっきりと「ヘイ・シリ！」と呼びかけるところから教え込む孫。はじめは「難しくてできないわ～」と言っていたけれど、だんだんにちゃんと反応してくれるようになったお饅頭に「今日は何の日？」とか「今、何時？」などと聞いては情報を得ていた。

そんなのを見ていたものだから、アタシだって！　と、パソコン接続あれこれをはじめて自分でやってみた。ネットで調べたりして何とか接続できた♪　やり遂げられた喜びは格別ね。自信もちょいとだけついたし。まあね、どうしてもとなれば息子にＳＯＳのメール出せるって保険ありきのこと。

　ファミレスに行った時のこと、メニューはＱＲコードをスマホで読み取りそこから注文するようになっていた。ご飯を運んでくるのはロボットで、お会計は電子マネーでピピッとな。もちろんウエイトレスさんに口頭オーダーし、現金で支払いも可能だったけど、ＱＲ読み込みしてオーダーし、電子マネーで支払って退出。フッフッフッ♪やったねと思う。

　なんでもやってみるのと、手を出さないままとでは大きく違うなと思う。義母から学んだことである。

ハンバーグランチしたある昼さがり……
（実話）
ーファミリーレストランにてー
えー
まず人数ね
ひとり……と
QR
何にする？
スイスイ〜
はっ！
ハンバーグ12皿頼んでしまった！
すぐに取り消しましたが、ドキッと…
食べられてよかった…
の気持ち100%で
味不明
やっと注文できたよ
ホッ。
やったね

プリンターをパソコンに初めて接続

簡単に、でもズボラになりすぎない見栄えのいいご飯作り

ほぼ毎日、朝ご飯の写真をSNSに載せている。

写真を載せるとなると、それなりに見栄え良く……というところに意識がいく。と言っても毎日のこと、面倒くさくならない程度のご飯作りだ。簡単にできる食事を考えるのはけっこう楽しい朝の習慣になっている。またSNSに載せると友人や子どもらも見てくれているようなので、毎日の元気確認という意味合いも持っている。

ご飯は生活の基本だ。私などちょっと気を抜くと一人暮らしをいいことに堕落し放題の生活に突入しかねない。盛り付けも何も気にせず、台所で立ち食いなどすぐにするだろう。

見栄えをよくするためにはまず彩りが大事。野菜のグリーンや赤がポイント色となる。そこに卵の黄色など入れれば一応整うし、バランスの良い食事となる。白っぽいご飯やパン、オートミールといった主食も入れ

ばより素敵に見えるだろう。見栄えを軽んじることなかれ！　生活を引き上げる大きな活力にきっとなるから。

一人暮らしの食事などなんとでもなるけど、一人分だけ作るのはけっこう難しいことだと思い知った。先日初めて蒟蒻《こんにゃく》半分腐らせて捨てたし、キャベツ一つ消費するのに十日もかかった。食材を「食べ切る」というのがこんなに難しいことだったとは！　そう実感する一人ご飯だ。

朝は多めに野菜を切ったり茹でたりしておく。

お昼はそれを使って簡単なランチにする。

食材を冷凍保存するってことを今まであまりしてこなかったけれど、最近では茹でた野菜を冷凍保存して便利に使っている。

サヤエンドウ、小松菜、ブロッコリーも軽く茹でて保存袋に入れ冷凍。ご飯もパンもね。

今日の朝食はオムライス。冷凍ご飯を解凍しミックスベジタブルとケチャップで炒めて卵をかぶせる。横っちょに解凍済みのブロッコリー。彩り良好な朝食だ。私の見栄などこの程度。

いつもの朝ご飯

春

具沢山のスープ。野菜をなんでも入れて塩胡椒で味つけ、オリーブオイルをプラス

自生していたクレソンでサラダ。根菜のポトフは鶏がらスープで

新玉ねぎのスープと玉ねぎいっぱい入れたケチャップライス。春のブロッコリーは瑞々しいね！

夏

カレーにトマトやゴーヤは意外と合うのね！ひよこ豆もプラス

三食これでいいってくらい好きなセット。夏野菜の天ぷらと素麺。ゴーヤ、ナス、ししとう、ピーマン、大葉で

なめこ汁と炊き込みご飯。キノコをもりもりといきたい季節！

秋

パプリカとピーマン、玉ねぎ、ひき肉でナポリタン。パスタが見えづらいほど野菜多め

ミツバ入りのチヂミはスイートチリとポン酢のタレで、交互にエンドレスよ♪

冬

昨夜のカニ鍋の出汁で雑炊に。冬の朝食は特に温かいものがいい

うどん、豆腐、長ネギ。いつもの鍋にシラスを山盛りトッピング。朝の贅沢です

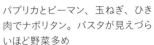

トマト缶ひとつを四日で使い切る
いい加減な一人前クッキング

一人前クッキングには慣れていないものだからイマイチ「量の勘」をつかみきれない。なにが食べたいか？　より先に冷蔵庫をのぞいて、なにが作れそうかと考える。賞味期限チョイ過ぎた物はなにより最優先で材料をみつくろう。

トマト缶は色々にアレンジできるので便利もの。26〜27ページの写真は四日分の朝食です。これで一缶食べ切り！

一日めは、二分の一缶ほど使って、トマトスープを作る。ミックスビーンズやジャガイモ、ナス、玉ねぎ、鶏ひき肉など入れて。二日めは残ったスープにカレールーを入れてトマトカレーに仕上げる。とろみがついておいしさ増し増しになる喜び。

三日めは、そこに固形コンソメと水を足してトマトカレースープにする。少しでも味が変わると飽きずにいけるものだ。これでカレーの鍋は空っぽね。

四日めは残った二分の一のトマト缶でパスタに。ニンニク利かせたオリーブオイルで玉ねぎ、ピーマン、ジャガイモを炒めてパスタとトマトを合わせてでき上がり。

多分だけど……家族が数人いたらこんなアレンジ思いつかなかったなあと思う。もうほとんどゲームと実験のような料理である。一缶で何ができるか？　何ができるか〜♪　と鼻歌しながら考える。

誰かに食べさせる目的の料理とはまた一味違うクッキングは、適当でいい加減が良い加減になる。失敗しても成功しても食べるのは自分オンリーってのもまたいい。成功したらメモしておいて誰かに食べてもらおう。友だちとか訪ねてきたらね。

トマトスープ
トマト水煮1/2缶入れます
CUT Tomato
同量の水
水煮缶のミックスビーンズ
玉ネギ
ナス
鶏ひき肉
ローリエ
具は何でもOK!

トマトカレー
水を少々足して
固型のカレールー

カレースープ
水
コンソメスープの素

トマトパスタ
ジャガイモ
ピーマン
ニンニク
玉ネギ
トマト1/2缶
ゆで上げたパスタと和えます

あると安心。「しょうがオイル」とアボカドの使い切り方

作り置きはあまりしていないけれど、しょうがオイルは「あると安心」の一品だ。しょうがをみじん切りにしてオリーブオイルに漬けるだけ。大きめのしょうがを買っても持て余すことなく使い切れる。

パスタに合うのは間違いなし！　想像よりもうちょっと上のお味です。水菜と赤唐辛子を加えてペペロンチーノ風に。パンにのせてジンジャートーストにすればバターいらず。温野菜にかけ回しピリッとしたアクセントにも。そしてご馳走っぽくなる。どれも塩を振っていただきます。

アボカド一つ使い切るのを考えるのも楽しいもの。大好きな食材だし、和にも洋にもオッケーというところも心強い。茹でたカボチャと和えておやつにしたり、カボスサワーのおつまみにはわさび醤油で！生のしょうがと共に、ああおいしい……とつい口をつく。朝ご飯には

コブサラダ。アボカド一つ買ったら必ず作るのはコレ。これで四分の一個の消費ね。

アボカドの薄緑色、葉っぱの濃いめのグリーン、木綿豆腐の白、カボチャと卵の黄色、トマトの赤。見た目にも朝から元気の出てくる配色だ。あり合わせの野菜をさいの目に切って彩りよく盛ると、密かな満足感に浸れる。

コブサラダにしょうがオイルを少しかけて、塩をパラリと振る。塩の味がよーくわかるサラダでもある。というか、単純なものほど実力発揮してくるのが塩のようだ。天塩、粗塩など手に入れては試している。それぞれに特徴あり！　塩って奥深いのね、と知った。塩初心者の私は少量パックのを購入しては味見中。

今のところの気に入りは沖縄のお塩。しょうがオイルと合うような気がして、うちではゴールデンコンビとして日々食卓に並ぶ。

あると安心
しょうがオイル

オイルに香りが移れば、便利で特上の調味料に変身！

刻んだしょうがをオイルに漬けて保存。
オリーブオイルでもこめ油でもオッケー

ペペロンチーノ風パスタは食欲そそられる一品。水菜と赤唐辛子が色のアクセント♪

ピクルスにトッピング。一気に大人の味。友だちが来たら出そうかな

バゲットにひと塗り。ワインにも合いそう！ 今晩やってみよう

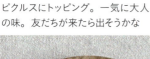

サイコロ状にカットした野菜のかわいいこと！　でも白いのは木綿豆腐ね

アボカドを使い切る

食べごろなアボカドが手に入ったらアボカド三昧。和洋どっちもイケるあの味！

カボチャと一緒にマヨネーズで和えて。お弁当をつくるときにあったら入れるかも

ただ薄切りにしただけのしょうがとアボカド。これはわさび醤油一択

「白菜はえらい!」スープ、浅漬け、炒め物……干してもおいしい

冬の野菜、白菜は和洋中、何にでも使えるおいしくてえらい野菜だ。見た目が冠を被った王様のようにも見えるし。四分の一にカットしたものを買っても相当な使い出がある。これまた使い切るために頭を使う。

牛乳に片栗粉でとろみをつけたスープは冬の朝ご飯にピッタリだ。あったまる〜。二十年前に友人から教わったスープ、白菜は必ず入れ、あとは好きな野菜とホタテの缶詰でオッケーってところもいい。浅漬けもさっぱりとしておいしい。

ポリ袋に白菜とゆず、しょうが、大根など冬野菜のオンパレード。大根の葉っぱや少しの余り野菜もどんどん。塩で揉んでしばらく置くと水分が出てくるので、ポリ袋に竹串で穴を開けてギュッとすると簡単に絞れる。お手軽浅漬け、この一品があるとないとでは食卓のムー

ドが違ってくる。食の余裕のような？

白菜のスープで使ったホタテの缶詰、半分残しておいて炒め物にも使います。チンゲンサイやブロッコリーなどと一緒に炒め、塩胡椒。ごま油を仕上げにタラ〜リすれば、中華の一皿。

また、白菜を一日ほど天日に干すと水分が抜けて旨みと甘みが増してくる。ザルにのせてベランダに。ついでに椎茸も。盗人カラス防止に上からザルを被せることもあり！　こうして干して野菜に旨みを凝縮させていただく幸せ。若い時分にはやってなかったことだ。

　やっぱり年取ったってことかねえ？　なんて言って腰をトントンする。自虐じゃなく自賛のクッキング。四分の一にカットされた白菜、おいしく食べ切ることができた日には、やったぜ！　のガッツポーズを小さく決める。

ちょっとシナっとしてきたらおいしいくなった証し。風と天日がいい仕事するわ〜

白菜はえらい！

ほたて缶でとろとろスープ

スープとシチューの中間のような…
チャウダーっぽくもあり

大根の葉
大根
白菜
ゆず
しょうが
Salt
塩
大根
ゆず
しょうが
大根の葉
白菜
もみもみ
10〜15分置いておく
竹ぐしでプツプツと穴
ギューッ
穴から水!!
Point 塩を入れすぎない
あるとうれしい漬け物!
オリーブオイル少々もいけます
olive oil
塩が足りなかったら正油たらり
10分でおいしいよー!
ワインにも合う

セイロで野菜も豆腐も蒸すと「一人のおいしいもの」がかなう

朝ご飯をしっかり食べても、昼時になるとやっぱりお腹が空く。夏野菜がたくさん出る頃は天ぷらにして蕎麦やそうめんと一緒にいただく。パスタの日も多い。平たいのや細めのパスタで食感を変えてみたり。天気のいい日は残り物を詰めたお弁当を持って海岸にも。「一人弁当」もいいものです。

五年前にセイロを手に入れてからセイロで料理することがとても多くなった。野菜や卵を一緒に蒸せば温野菜が十分でできるし、蕎麦猪口《ちょこ》に水溶き卵と顆粒出汁を入れて一緒に加熱すれば簡単茶碗蒸しができる。

野菜を蒸すと一挙に嵩《かさ》が減り、キャベツなど四分の一個食べられてしまうよ。

最近気に入ったのは、木綿豆腐蒸し。とろっとした食感が新鮮だ。

またパーツを買い足して使えるのもセイロの良いとこ！　一段買い足して二階建てにしたら容量アップでいっそう蒸し料理が多くなった。シュウマイも簡単にできるんだとセイロのおかげで気づいたわー。

夕方六時を過ぎたあたりくらいからニコニコと、夜の部のちょい飲みタイムに突入だ。

刺身の鯵が数切れ残っていたのでレアなフライにしてみたらこれがおいしいのなんの！　この日はちょい飲みでは済みませんでした。野菜を少しずつ鉄板にのせてジュージューしたら塩とレモンで充分。シラスおろしと生のりをおつまみにレモン酎ハイを。これぞちょい飲みメニューかも。料理しながらゴクリが最高！　おろしたり煮たり、冬は大根の旨みを存分に味わうよ。

食べることは暮らしのいい仕切りだ。「一人だもの、何でもいい」から「一人ならば尚おいしいものがいい」にしたいといつも思う。

一人のおいしいもの

昼ご飯

フェットチーネのペペロンチーノ、和風にね

あり合わせの物を詰めただけでも海岸で食べると格別な味に!

セイロで蒸した卵でサンドイッチに。潰した卵に刻んだ玉ねぎを加えてマヨね

夏はラタトゥイユをパスタにのせていただきます

蒸し料理

2段構えにしたセイロ！ 下の段の初々しさよ。若い！

野菜も卵も一緒に蒸し、時間差でそれぞれを取り出していくよ。豆腐のおいしさ再発見できるの！

キャベツの上に簡単に包んだシュウマイを置いて

ちょい飲み

刺身の鯵をフライに。半分レアでいただきます

鉄板でジュージューと焼いた野菜はうまみがアップするみたいだ

七十歳、八十歳でも「おしゃれの壁」はバーンと乗り越える

友人たちとのおしゃべり中、「壁」という言葉が何度か登場した。

古希を迎えた友が、

「やっぱり七十歳の壁ってあるわ〜。急にガタが来るみたい」

と。

一緒にいた一回り年上の友人がニヤニヤッとしながら、

「いやいや八十の壁こそ本物の壁」

と。

もはやここはウォール街か。

また小学四年生は精神的にいろいろなことがあるらしく、「十歳の壁」と言われているとか。人生壁だらけ！

乗り越えないといけない壁は各年代にあると心得ていた方がいいのかもなんて思うよ。

もう歳だから何着ても同じとか、楽なのが一番よ、どこにも出かけないのだから、と自らにおしゃれの壁を作ることはないと思う。

白髪にはパッとした明るいパステルカラーが似合うようになるけれど、ベージュや紺色、霜降りもシックに映える。リップクリームで艶を。パールのネックレスで顔に光を！　なんてね、おしゃれの工夫をまだまだ探ってみたい。

新しいスカーフ、新しい靴下を買う。サムシングニュー（花嫁さんみたい？）は壁打破に効果的だ。

あるものでの着回しにチョイ足しのニュー。気持ちを上げていけば壁などドーンと来い！　である。私の壁ドンね。

いつものTシャツとパンツに、大玉のパールネックレス♥
顔にパッと光が当たります…
壁打破の一手！
小さなサムシングニューも
お助けになる！

若い頃よく着た色合せ 紺、白、グレー
再び似合うように!
やっぱりなんでもない着方がいいな♪
首回り、色でキュッと引きしめて……
赤いリップが映えるね〜

よそ行き服よりも、普段着おしゃれで自分のスタイルを極める

歳を重ねるほど経験としてわかってくることも多い。例えば一生モノの服と信じて購入した良い物でもそう長くは着続けていないし、ちょっとしたパーティー用のおめかし服はずっとクローゼットのお飾り用だったりとかね。

以前、年上の友だちが、「新しい服を買っても着ていくところがない」と嘆いていたことがあった。今、その気持ちがとてもよくわかる。よそ行きの服などもういらないのである。普段着でおしゃれしていこうと思う。スカーフや帽子など小物でアレンジしてキメる。しかし「アレンジ」というのが一番難しくて、すぐにできるものでもない。

ターバンやヘアーバンドが大好きだけれど、何度も巻き直したり、人に聞いたりして、時間をかけまあまあ自分なりの巻き方をやっと見つけた。なんでもそうなんだな〜としみじみ思う。スカーフ一枚とて

日頃使っていなければどんな素敵な巻き方でも自分風の味わいにはならないもの。

買い物や散歩には布袋かバスケットを持って出る。足元はスニーカー、もしくはカンフーシューズ。

どれも軽いものばかり。もう重いものは身につけたくない年頃になったのだ。毎日身につけているとそれなりに自信がつき、また楽しくなってくる。今日は花柄の布袋にしようかな、斜め掛けできるのにする？　とかね。うれしく迷う。

夏の履き物はほぼサンダル、冬はスニーカーとブーツも。毎日身につけているとなんとなくこなれてくるものだ。「こなれ感」は俊足ではやってこない。自分のスタイルを見つけるには日常に着る服、普段着を極めることなんだろうなと思う。

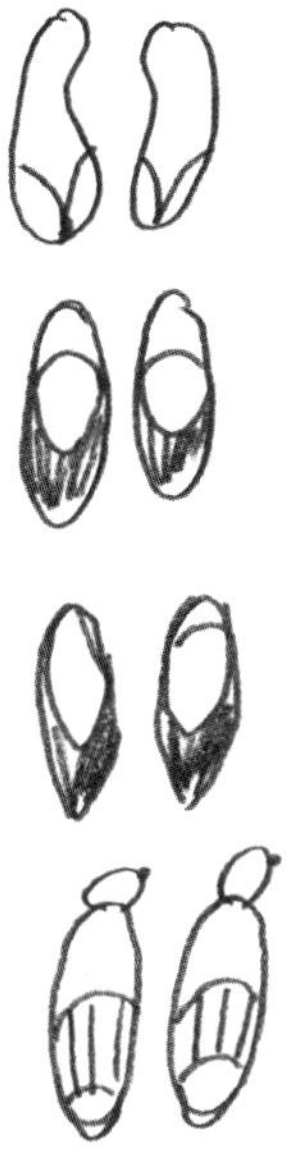

大好きな白いパンツ、もうマイスタイルに
普段着に
Good Lucks
Kumakuma
白ジャケットと合わせておめかし着に
太めのコーデュロイパンツ
力を抜いてマイスタイルを極めたい……！
お出かけにも

正方形スカーフは
三角に二つ折り
110cm
110cm
後ろで交差して…
前で結ぶ!
首周りに華やかさを出したい時、ふんわり巻くのがコツ!
長方形のマフラーやショールは
同じ巻き方でもマフラーの長さや幅が違うと印象が変わります!!
A
ループになってます
ループにAを通すだけ♪
短いマフラーではよりカジュアル♪
お助けターバン
左右をギュッと交差させる
結ぶ
髪がまとまらない時に便利なターバン

「一日機嫌よく過ごせる」春と夏のなんでもないけど好きな格好

春はシャツや薄手の羽織りものが楽しめる季節だ。半袖Tシャツにジージャンやスエット素材のカーディガンをサッと羽織って出かけられる気軽さよ。

シャツ一枚、袖をまくり上げただけでもちょっとおしゃれに見える。腕やくるぶしあたりで多めに肌を見せると季節感が出るもの。

ベロアやキャンバス生地で作られている柔らかい布の靴は通年愛用。ワンストラップでゴム底靴は足にとても優しいカンフーシューズだ。

夏、暑すぎると着るものにも頭が回らなくなってくる。それでついつい着やすいワンピースとか同じものに手が伸びてしまうよ。

コットンのチュニックは風通しが良く、またいい具合の胸元のギャザーで下着を気にせず着られた。麻のワイドパンツも着心地良しで普段着にもよそ行きにも。洗い込んでクタッとしてくるとますます着心地が良くなっていく。

夏の履き物は、ほとんどサンダルだ。お出かけ用サンダルはビルケンシュトック。だんだんと靴も限定されていく。歳を重ねるたびに足はどんどんわがままになっていくからね。

どうということのない普段着に一番気をつけたいと思う。一日中機嫌よく過ごせる格好、何でもないけれどどこか自分らしい装いが結局おしゃれに繋がるのだなと思う。

おしゃれってやっぱり大きな楽しみの一つ。

楽しみは暮らしを活き活きとさせる活性剤だ。普段着が自分の一番のおしゃれ着でありたいな。

なんでもないけど好きなかっこう
spring
やっぱり便利
ジージャン
エリは立てる♫
そではめくる♫
ジージャンより少々長めのTシャツ
はだざむっ！
…
手ぬぐい
agnès b.
とりあえずまくっとこ！
GU
Little page
アフリカ柄の派手パンツで
気持ち上げてこー！
カンフーシューズ
白いシャツとワンピのかっこう
ニコダンゴで
おくれ毛対策オッケー
コリャいいわー
うすいワンピース
白いシャツとカーゴパンツ。
どちらもオーバーサイズ
UNIQLO
XL
ZARA
42size

ワンピとペチパン

summer

「慣れ親しんだ安心感」
秋と冬のなんでもないけど好きな格好

マンネリというのとはちょっと違い、どうしても好きな格好というのがある。色だったり形だったり。紺色×ブラウンはずっと好きな色合わせだ。慣れ親しんだ組み合わせには実績の安心感もある。歳を重ねた分だけおしゃれもプラスして、いつまでも好きな格好をしていたい。

特大コットンパールのピアスは顔に華やぎをプラスしてくれる。ボーダーのワンピースは普段着にも良いし、ジャケットを羽織ればおめかしムードも出せるもの（90ページ参照）。

真夏以外は使える厚地コットンのジャケット、秋は特に便利♪　首元きっちり閉じてチビスカーフで季節感を。

秋はおしゃれのしがいがある。暑すぎて何も着る気にならなかった夏の反動かな。

そして暖かくてホッとできる格好をしたい冬。数年前に購入したインドの刺し子のスカートは気に入りの一枚。古いサリーを縫い合わせたということで、擦り切れた布も所々に。いや、私が着てから擦り切れたのかもしれない。

ハデハデピンクのパンツ、身につけるとウキッ♪　とするわ。色の効果は気分にとても影響するよう。反対にベージュ系でまとめるのも好きな着方です！　白や黒をポイント色にしたりね。これも落ち着く大好きな格好。

懐かしいチェックの大判ショール、毎年の私の定番だ。腰に巻いたりも。やっぱり暖かくないおしゃれはもうできない。

家の中でもほんのちょっとの気遣いが必要なんだなと思う。靴下と色合わせしてみたり。ちょっとのことほど忘れがちだしね。

なんでもないけど好きなかっこう
カーキやベージュ色を身に付けたくなった！やっぱり秋なんだなー
麻のブラウス
後ボタン
シャツの中はブラトップ
ランチはヒレカツ定食にしよう…♪
紺とブラウン
autumn
生成のコットンジャケットは便利だな♪
ZARA
極太ボーダーのワンピース

winter
カーディガンとパンツは
メンズのコーナーで買ったけど
今さらね、男女分けすることもなし。
気持ち良く着られるのが一番だから！
外の方があったかいわ〜
八百屋さんにほめられた
カゴ。「キャベツ3つは
入るいいカゴね」
だって!!
うれし〜♪♪♪
インドの刺し子スカート
コットンだけど二〜三枚重ねて
チクチクしてあるからあたたかい！
そでがラッパのセーター
ジャンプ力増し増し
ピョーン
カンガルーの
革のブーツ
まず
熱いお茶のんでから！何事も
如月だもの、やっぱり雪ふる
パイル地のヘアバンド。洗顔用らしい
白シャツポイント
Billingha
家人のカメラバッグ

なんでもないことへのときめきは日々積み重なれば山となる

最近耳にする「推し活」。誰かを応援することだと。胸ときめかせながらハートキュンキュンさせる……羨ましいなあと心から思う。今心臓が急にキュンキュンし始めたなら、本気でなんらかの病を疑ってしまう。静かめのキュンを楽しみたいよ。

48ページから55ページに綴った「なんでもないけど好きな格好」。これを描く時にはいつも若干のときめきを感じている私です。Tシャツとジーパンの合わせが何気に決まった時、ニヤリッ！　とするほどだ。こんなのでも一日中なんとなくハッピー気分が持続する。

チリのようなときめきでも日々あらば山となる。

毎日作る食事にも潜んでいるらしいときめき。ほうれん草の葉っぱと茎のところを配分よく切れたとか、セイロに時間差をつけて入れた野菜や卵がちょうどよく蒸し上がった時にもニヤリッ！　が発動される。

一人の生活では彩りが減る傾向にあり。盛り付けにこだわらなくてもいいし、なんなら鍋からラーメンすすってもいい。でもときめきはそこには潜まない気がする。

「推し活」にはドキドキとともに体内でドバドバと活性化されるものがきっとあるのだろう。自分を推す活動をこれからはしたいなと思う。自分にキュン？　相当なナルシストだよ。

しかし、ときめきは時代も年代も超えて、潑剌《はつらつ》と生きるための良薬になるのだろう。

小さな棚が部屋の隅に置いてある。季節の飾りや人形を置く用に。季節外れのサンタクロースと赤いロケットを並べて置いてみた。白い壁に赤いロケットとサンタがとてもかわいく映え、病ではないドキュンが来た。

近所にはキラッキラの海

静かなるときめき

こんなのがいちばん！

時間差をつけて蒸した食材

Tokimeki

ひとり分だからこそのときめき

好きなものがマッチするとドキュン！

好きなものに囲まれるのがベスト！

おっしゃ!
ここのリブ、大事!
Hanes ロンT
コンチャベルト
白Tとデニムとバスケット……
さて買い物に……スーパーへ
フリマで買った布袋
I ♥ Frankfurt
暑くなるとやっぱり着たくなるよ
タイダイのTシャツ!
なんでもないTシャツとジーパン
決まればすごくうれしい♪
これは……
怖? トキメキ? 病?
ドキドキ…ドキ

ヒョウ柄、派手な柄パンツ
苦手がどんどん得意になる!

若い頃は敬遠していた柄だったのに、年々不思議と好きになっていったヒョウ柄。今はコート、パンツ、Tシャツなど通年で愛用している。若い頃は主張強めの模様と、なんとなく押しの強いおばちゃんぽくなるのが嫌だったのかもしれない。もう「ぽくなる」心配はいらない！　むしろ胸張って着こなせばヒョウパワーで元気も出てくる。気負わずに身につければおしゃれな柄だ。

思い切って柄物同士を合わせると、相殺されかえっていい味に。自分だけの着こなしができる。ボーダーを着るのと同じような気持ちでカジュアルに取り入れてしまえば、こんなに強い味方はない。

もう一つ、派手めのパンツも歳を重ねてからもっと好きになったものだ。

アフリカの布は太陽のようにパッと明るくて、見たことのない柄もたくさんあった。柄に意味があるということも聞いた。でも宗教的な意味合いはもう薄れて、気軽に身につけられる衣類へと……なったらしい。

そんなところも興味深いところだな〜と思う。ちょっと意味合いも知ってみたい気持ちが湧く。アフリカの布の派手パンツには真っ白なシャツが似合うけれど、これもまたボーダーと合わせたり、はたまた冬には黒や紺色のニットと組み合わせたりしたいなと思う。

フューシャピンクのパンツは、量販店で購入したシェフパンツだ。コックさんの制服のような形で、動きやすさ重視の作り。これが日常着にピッタリ！　派手めな色柄物は面積が大きくても下半身に持ってくると気負いなく着こなせる気がいつもする。

これは着られない色や柄……と思っていたものでも年を経ることにより自分の方に近寄ってくるのかも？　なんて思ったり。

チェックのマフラーで外してみる(なにを?・なんだろ……調和?かな)

安心安定の白Tシャツにヒョウ柄パンツ

ヒョウ柄のTシャツとナイロンポリウレタン生地のジャンパースカート

ジャンパースカートにただようステキな大人感

あえて、パールのピアスを合わせます
やわらかなシルクのブラウス
しまむらのシェフパンツ〜
海〜♪
P50と同じパンツです

食器セットは二枚、客用布団は処分
ステップを踏んでモノを減らす

なるべく少ない食器で暮らしたいと思っているけれどなかなか処分というのははかどらんものである。まず入れ物（食器棚）のサイズを小さくするとか棚本体の数を減らすなど大鉈を振るわないと実行が難しい。

一人暮らしに移行するための引っ越しでは、住居の関係で荷物を二分の一ほどに減らす必要があった。これはチャンスね！　と食器の分別をした。

まず五枚とかのセットものは解体で二枚のみ保存。「高かった」「思い出あるし、もう手に入らないし」など手放したくない理由はいくらでもあったけれど、食器棚の容量に限りがある。それでもどうしても決心がつかないものや、お正月の重箱など大きく迷ったものは引っ越し先にも持ってきた。

かさ張る寝具も同じく処分したけれど、誰か泊まる時のために布団一組は取っておこうと持ち越し。

でも最近、それもいらないかと思っているところだ。もう誰も宿泊はできないってことではなく、ソファーもあれば毛布もある。クッションだってある。なんとか泊まれるしね。だんだんと一人暮らし仕様の生活にバージョンアップだ。

食器類はまだどうしても捨て切れずに、居間の引き出しに入れているものもある。

気持ちに折り合いがつくまで数段階ステップを踏みたい。ありがとね、使い切ったわ！　と思えたらスッパリ。ふとある日「あれ？　なんでこれ取っておいたんだろう？」と思うものが出てくる。きっと何か思い入れがあったはずだろうけど忘れてしまうものよ。そしたら気持ちよく笑って捨てよう。

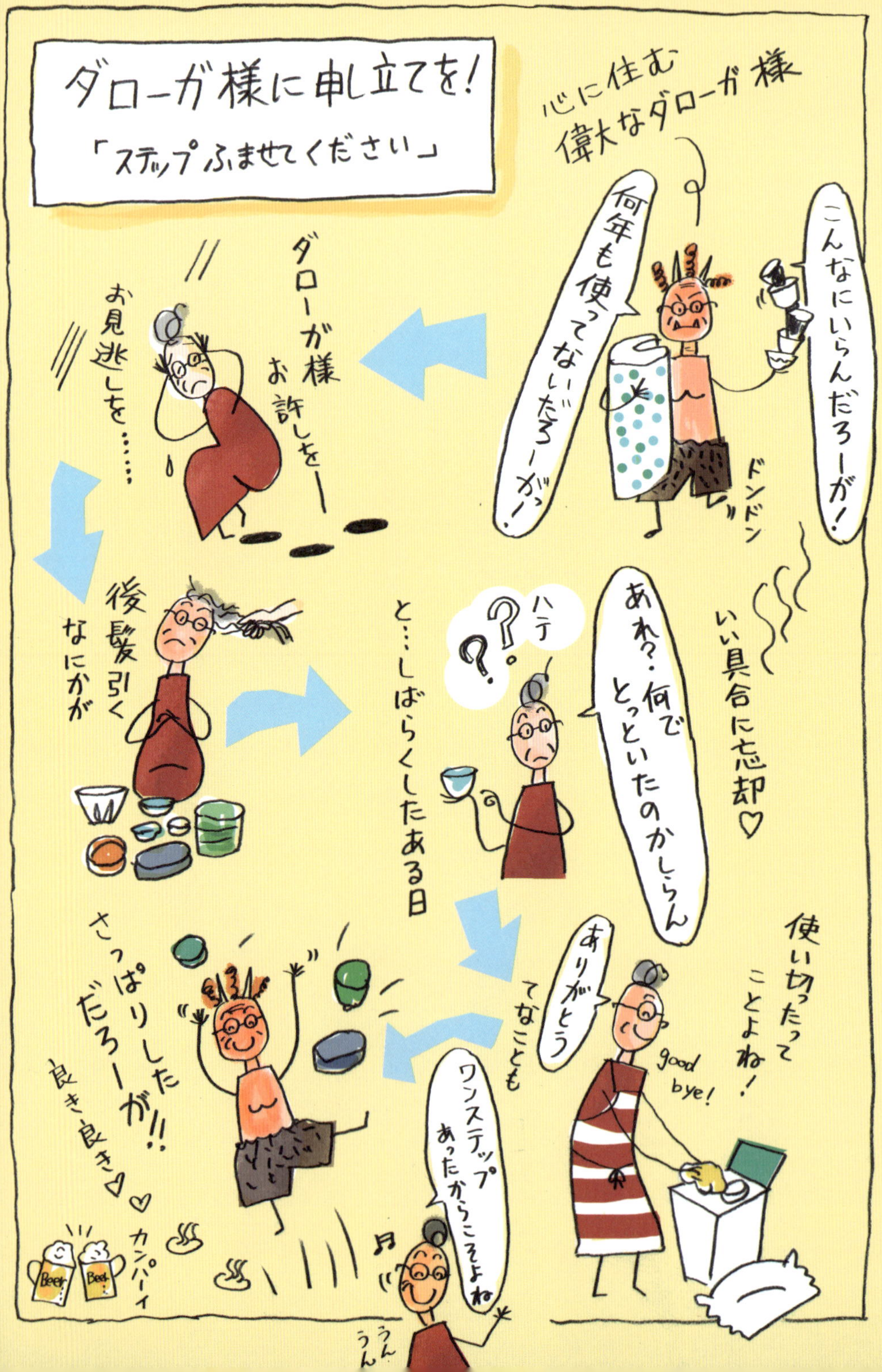

ダローガ様に申し立てを!
「ステップふませてください」
心に住む偉大なダローガ様
こんなにいらんだろーが!
何年も使ってないだろーがっ!
ドンドン
ダローガ様お許しを——
お見逃しを……
なにかが後髪引く
と…しばらくしたある日
ハテ
??
あれ?・何でとっといたのかしらん
いい具合に忘却♡
使い切ったってことよね!
good bye!
ありがとうてなことも
ワンステップあったからこそよね
うんうん
さっぱりしただろーが!!
良き良き♡
カンパーイ
Beer
Beer

毎日使う食器類
選抜チーム♪

ダローガ様にはご内密に…
タンスにこっそり…
もじもじ

モノのベストテンを決めておくのが片付けのルール

何か買う時（服とか雑貨とかね）これ買ったら今あるものを一つは捨てるべし、と心の関所に掟を設けているけれど、なかなか緩い関所で。最小限なモノ、厳選しておくと良いことがたくさんあるのにね。

まず、

・探し物が減る

・物を使い回せる

管理するものが減ると頭の中もスッキリするし、万一の時も子どもらに迷惑かけなそうだし……とか年齢を重ねるとそんなことも考えるようになる。

片付けのルールとして、モノのベストテンを決めたい。洋服部門ではワンピース＆コートで十着。シャツ十着、パンツ十本というように。そして部門内で枚数の譲り合いはオッケー♪　として緩やかさも残す。

アクセサリーも同様に。きっちり十という数にはならないけれど、一応の目安とし「ザ・ベストテン♬」と昔の歌番組のタイトルのように華やかに叫んで仕分けにかかることにする。

先日友人（男性同じ歳）と会った時、「さっきこれ買ったんだ」とうれしそうにきれいな器を見せてくれた。作家さんの展示会で購入したと。

「なにのせようかな〜」

と料理に思いを馳せていた。思わずハッとしてしまったよ。食器棚も最小限にして増やさないこと！　をスローガンに掲げてる私、新しい食器は料理する楽しみやテーブルに彩りを添えるってことを知っているのに、きゅうきゅうとしすぎてたかなあ？　とちょっと思ってしまった。

なんでもほどほどにしておかないとねえ、気持ちがもたないもの。アメとムチ、スイーツやや多めでオッケーとしたい。

物の
ザ・ベストテン
●ベスト10●
白フレンチスリーブ
ボーダー青
しもふりT
ボーダー赤
ブルーT
白七分T
前イラスト入り
黒フレンチ
ボーダー太
サザンT
Tシャツ部門トップ10はこちらでーす！
ジャーン
S
補欠
ハーフパンツは3点のみ！
タンクトップは5点です
よって繰り上げ当選されたTシャツとパンツの皆さん!!
命拾いしたー
おめでとう!!
助かったー
※この位の甘さでいいんじゃない？

仕分けしたてのウォークインクロゼット（三畳間）

この状態…永遠なれ

かさばる物は壁かけ収納がいいな♥

大好きなザルも10個以内よ！
♪
イエイ♪

小さな部屋で表現する
クリスマス、お正月、季節のイベント

あまり面積を必要としない一人暮らし。最小限の物での生活だけれど、彩りは忘れたくない。カラフルな色が好きなのは昔から相変わらずで、部屋は赤をポイントにして植物を置いたり、人形を飾ったりと自分なりのインテリアを楽しんでいる。小物全部は出しておけないので、時々置物のメンバーチェンジを図る。それでもいつも外せない気に入りはいくつかね。やっぱり好きが最優先だ。

十一月の末あたりから漂い始めるクリスマスムード、大好きな季節だ。乾いた冷ための空気もウールの匂いも好ましいもの。

クリスマスツリーやオーナメント、ほとんど手元にはもうないけれど、捨てられずに持ち越しグッズはある。家族や友だちから贈られたカード類は捨てられるはずもなく、壁に並べて貼るよ。亡くなってしまった友のカードもキラリ。

お正月も手作りしたしめ縄リースを同じ壁面に。椿の絵の入った母の帯を鏡餅の下にね。

引き出しの上、五十センチ×三十センチほどのスペースがイベントコーナーだ。誰に見せるでもない私の見せ場！　小さな部屋でもできることは無限。いつまでも世の中に参加型のミーハーの現役でいたいと思う。

モノは減らしても
イロドリは減らさない

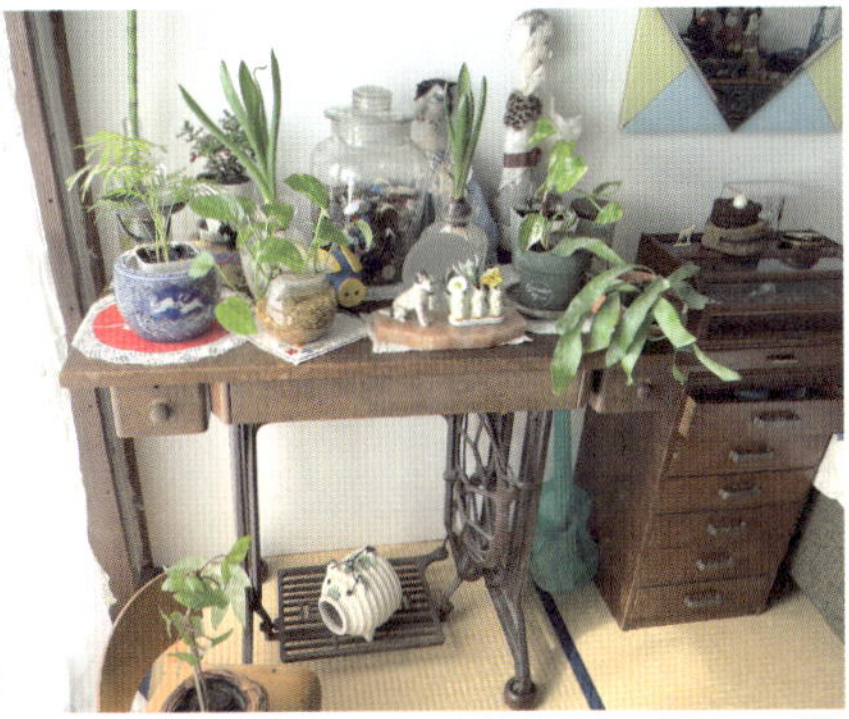

3

5

4

6

new year!

これだけで新年の雰囲気が！敷物になって帯が活躍してくれるお正月です

christmas

部屋の温度も上がる気がする壁にコラージュ。オーナメントも一緒に飾って

7

新聞紙、雑巾が大活躍
ささいなことの効果を実感する
二段階掃除術

家事って本当にささいなことの積み重ねなんだな〜とまだまだ思うよ。

小さいキッチンなので食器を洗ったらすぐに拭いて片付けないといけない。置いておく場所がない。拭いたら傍《そば》の小テーブルに一旦並べて三十分ほど放置し完全に乾いたら食器棚にしまうようにしている。これで食器棚の中の湿気防止になっているはず。

掃除機をかけたら、畳の部屋には濡らした新聞紙をちぎっては投げちぎっては投げして、ほうきで掃き出す。六畳間と四畳半と三畳、家具もあるので大した面積でもない。掃除機をかけたばっかり！ というのに、湿った新聞紙に絡まってくるホコリのなんと多いことか！ 思わず「イヨッ！ えらいぞ新聞紙っ！」と声かけたくなるほどだ。

床は雑巾掛けだけど、電動モップ（充電式のスティッククリーナー）

を最近導入した。床にヒザをつかなくてもこれでオッケーというもの。ウイ～ンと回って働く丸い雑巾がかわいいよ。最初に泡スプレーの洗剤をひと吹きふた吹きし、ウイ～ンして、その後もう一回拭く。

この雑巾掛けは晴れた日のみの作業と決めている。二段階の掃除、素足で歩けばその効果をはっきりと足裏で感じられる！

寝具は上げおろしする布団生活だ。起きたらすぐ畳んでしまわずに一度干し、数時間置いてから片付ける。こちらも二段階方式にしている。一人分だからね、まあ二段階踏んでもそう手のかかることではないような。

これから「笹井ナコト」とサイドネームにしたい。

食器
水分を拭いたら
一旦テーブルに
30分後
ささいです
食器棚へ…

そうじ
軽くね
面積が広いところは
掃除機で
ブーン
ブーン
チョイチョイ
細かい部分は
ほうきで
ホコリ出て来いやー!
ぬらした新聞紙

床
足裏で感じるわ〜♥
サラサラ感
skate
イメージ…
いい!
晴れ〜
電動モップ
ウィーン
泡クリーナーを
水拭きでもう一回
ウィーン
丸雑巾
カワイイ♥
日々これで良し
ふとん
気分もカラリッと
笹井ナコト
ささいな事が〜
家事なのよ〜♪
(節つけて歌ってみる)
そーなのさー
そうなのねー♪
一人分だからできる事かもね・・・

四月に真っ白Tシャツを買って私の新学期が始まる

寒い季節には白のセーターやカーディガン、暖かくなったらTシャツやチュニックのブラウスをよく着ている。どのアイテムも手に入りやすいものなので、買い足したり買い替えたり。同じ白でも光沢や肌触りの違いが何通りもあるところがいい！　微妙に違いもある同色の重ね着がとても楽しい♪

四月に買う真っ白なTシャツはマイ新学期、なんて気持ちがいつもする。春の白は光をまとう心意気で！　と思うよ。夏の白Tシャツは必須アイテムだ。

昔はよく着込んでヨレッとしてきた感じが好きだったけれど、今それやるとどうもね、落ち着かない。際立たなくていいものが炙り出され、ラフさがだらしなさに変換されるのだ。「くすんでなんかいられない！」と元気よく言ってみても、やはりそこはそれでクスミ進行中の年頃だもの、顔周りには是非ともクスミをカバーしてくれる色をと思う。

夏から秋にかけての時期は、白の重ね着がしたくなる。Tシャツにセーターを重ねたり、ワンピースと長袖Tシャツを重ねたり。膨張色といわれるけれど、帽子やターバンで身体の上部にアクセントを付ければ目眩《めくら》まし的膨張防止になると思う。

またバッグや靴などの小物で色を足していけば、服がよりいっそう映えるから白い服はオールマイティーだ。いくつになっても着ていきたい。

お、ちょ！　待てよ……白装束……間近？

いやいや、産着《うぶぎ》も体操着もウエディングドレスも割烹着も着てきたではないか、まさに人生の色かも！

White

チュニックと
ハーフパンツで
颯爽と！

これさえあれば!
の夏セット!

白T、白パン帽子バスケット

たっぷりと!!
シルバーアクセサリーの重ね付け

思いっきりつける
アクセサリーでも
白セットなら上品

「ゾウ時間」「イヌ時間」「アリ時間」で介護も乗り切ったアバウトでメリハリある時間割

義母さんの介護は、コロナ禍だったこともあり変則的なものだった。デイサービスが閉鎖となったり、病院へも普通には通院できなくなったりした。

今思い返してみて忘れていることのなんと多いことか！　とビックリするわ。たった数年前のことなのに。でもデイサービスでのスタッフさんからの連絡帳などを読み返すと当時のことがはっきりと思い出せる。

家には毎日数人の出入りがあり、老犬の世話も忙しかったはずだけど、私はけっこう遊びに行ったりして、行動制限的なことを強いられていた気がしない。

三〜四時間ほど時間があれば「ゾウ時間」とし、遠めの外出やまとまった仕事をした。一時間なら近所のカフェで一息ついたり、雑誌をめくる「イヌ時間」。十分単位の細切《こまぎ》れタイムは「アリ時間」ね。

そんな風に呼んでいたことを思い出す。忙しいとかえっていろいろ捗《はかど》ることってないですか？　暇すぎるとダラダラしてしまうのと同じくらいの熱量で。ゾウ時間が持てる日は思いっきり遊んだ。

何かに強いられているとか、誰かのために束縛されていると感じるようになると、きっと周りの人たちを憎むようになると心の底で思っていた。誰かの死を望むようになる自分が嫌だったのだ。

今は全く制約もない生活だけど、あの頃の方がいろんな楽しみを知っていたような気がする。制約なしの生活の今は、緩やかな時間割を自分で作るよ。五時台に起床、掃除・洗濯は汚れている方のみ。朝ご飯が済んだら三十分以上散歩に出る……くらいの計画だけど。やっぱりメリハリは生活にも必要だわ。

自由にもほどがあるもの。自分キープするには少しは制約がないとねえ。

なんでもない日常
すごろく
―69才版―
スタート!
① どんどん早くなる起床時間
AM 5:00
…おはよー
メガネッ
メガネ
一日の中で一番老けている顔…
② お天気いいから今日は洗濯ね
③ 朝ごはん用意
白菜のみそ汁にしよう
④ いただきます
あーおいしかったー
と毎回思う
一回休み
⑤ SNSに「今日の朝ごはん」の写真、毎日投稿
Instagram
スマートフォン
⑥ 花に水やり
⑦ 朝の散歩にレッツゴー
GO!

8
直売の野菜を買ったり
100
9
漁船
海まで足を延ばしたり
10
40分位しか持続不可。
お仕事スタート
11
すぐにお茶や手芸タイムに突入！
一回休み
12
仕事再開と見せかけ
13
ウクレレに逃避
一回休み
14
夕方買い物に行くよー
主にビール
STORE
15
夜のおひとり様
よりいっそうのゴールデンタイム
16
あがり！
どんどん早まる就寝時間
オヤスミー
PM
21:00
なんでもないいい一日だったなー

出かける時は夫のモノを身につけて
思い出に押し込めず大いに活用

いつからかなんとなく決まったようなマイルール、それは外出する際には必ず夫のモノかプレゼントしてもらったモノを身につけて行くという決め事だ。外出先や電車の中で「あ？　今日は忘れてきたかも」とうっかり飛び出してきた時などハッとするもバッグの中を探れば夫のバンダナが入っていて一安心。だいじょぶだいじょぶ、指輪もはめてきてたわとホッとする。帽子や腕時計、はたまた首巻き。かつて誰のものだったのかも忘れてしまうほど日々の私の愛用品だ。

ほぼ百%、ルールは守られているのである。

小田原二度目の引っ越しの際に大きな家具もいくつか処分した。残したのはどれも小さめの家具。母の足踏みミシン、父の小引き出し、義母の箪笥、夫の飾り棚とかね、どれも古いものばかりだ。骨董というほどの価値は全くないけれど、どれも大好きな佇まいの道具である。

配置ルールとして父母のミシンと小引き出しは並べて置き、ミシンの上には子どもらのぬいぐるみや植物も飾る。

元々古いもの好きってこともあり、今の少ない家具とその配置はとても気に入っている。

和箪笥の上には夫のCDプレーヤーとスピーカーと電気スタンド、家族の写真。脇には、ダイニングに置いていたフロアスタンドも配置。気がついたらそういった並べ方になっていたから無意識でもそんな各人のコーナー作りをしていたのかも。

この年になるとあちら側に逝った人たちも多くなってくる。親たちや夫、友も。そしてモノだけが残る。それらは大いに使っていこうじゃないか！　と思うよ。

思い出に浸るより、生き生きとこれからも活用させてもらいたい。

さて、これから買い物に～。エコバッグはごつめのトート。

My rule

かっこ良く着こなそう！の心意気で GO!

しまっておかない！

ミシンと小引き出しのコーナー

ファミリーのコーナー

日めくりカレンダーは見るのも便利
破ったあとも大活躍

六年前から居間には日めくりカレンダーを掛けている。

一日きっかり一枚の日めくりは潔い。ひと月ごとのカレンダーから日めくりに変えたきっかけは、一日数度の「今日は何日だっけ？」の義母さんへのアンサー手段だった。大きな文字の日めくりをよく見えるところに掛けておけば質問回数も減った。

一日必ず一枚ちぎり取る紙、薄手すぎてメモ用紙にはちょっと心許《こころもと》なく最初のうちは破り捨てていたけれど、なんとこれがとっても便利な紙になろうとは！　それはスーのエチケットペーパーとして使える紙だったのである。薄手ゆえ扱いやすくとても役立った。またタネ類を包んでおくのにもぴったりサイズ。秋に庭のコスモスから採った種を小分けして包み、友人らに配った。

赤文字（休日）は種が多めで青文字（土曜日）は中ぐらい。黒文字

（平日）は少なめで……などと分類する楽しさよ。

家庭菜園で育てた玉ねぎのねぎ坊主から採った種も、孫からもらった朝顔の種も包んで保存した。

日めくりの使い道は多々あり、二次使用に適したものだったのである。梱包用紙に、揚げ物の敷紙にと何にでもオッケー。

まったく無駄にしてないぜ！　と心の中で自慢に思えるところも気持ちいい。

そして今、そもそもの目的だった義母さんアンサー用より以上に、「今日は何曜日だっけ？」「えーっと？　何日だあ？」とたびたび確認する自分がいる。

振り返っては確認また確認。やっぱり便利ね！　日めくりカレンダーって。毎朝一枚ピリリとやぶり取ることさえ忘れなければ。

一日に何回も見る
日めくりカレンダー

洗い物中にチラリ

明日は何曜日だろう？

夜中にも見る

日めくりカレンダーは
もはや部屋の重鎮

ありがたやー

やぶり取った紙は…
種を包んで再利用

小さいプレゼントに
ちょうどいい

バッグに忍ばせて

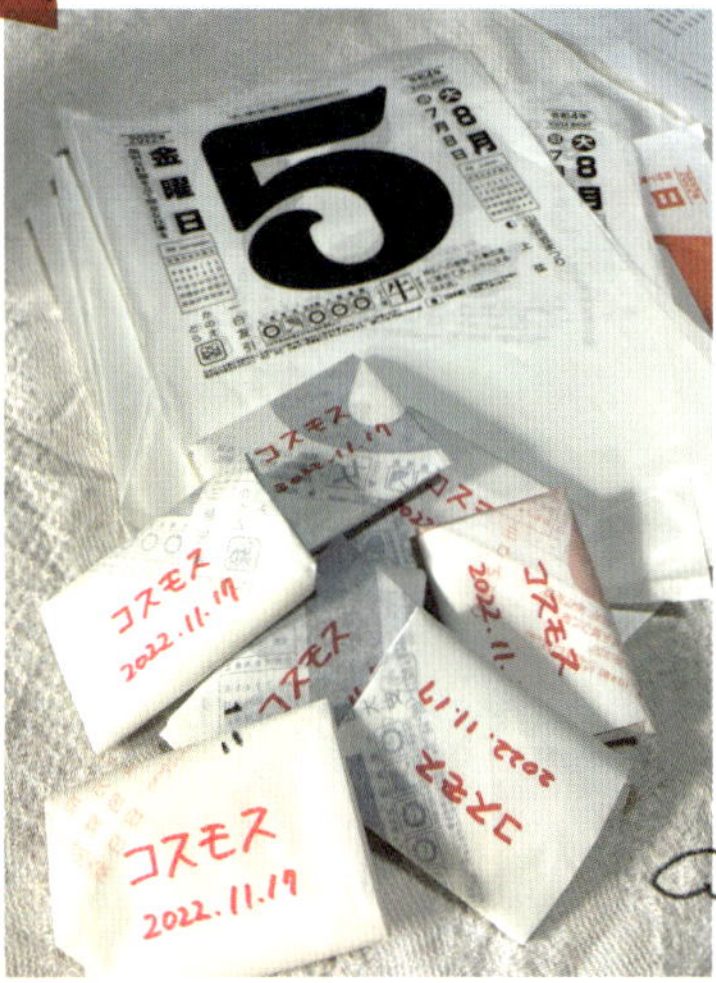

日めくり
サッと差し出すエチケットペーパーに

スーの散歩のお供でした―

ありがとう

解決できない悩みが頭に浮かんだら手芸で「無になる時間」に入り込む

そういつも頭を働かせている訳でもないけれど、なに食べようかなとか散歩どこら辺歩こうか……など何かしら考えちゃうね。この先どうなるか！　なんて思い悩んだ日には結論など出ない問題にただただ疲れ果ててしまう。先のことを不安がるのはやめよっと♪　と安楽な終止符をバチッと打つ。

こんな時は手芸や工作に逃げるのがいい！　手だけ動かして無になる感じが好きだ。配色や手順は考えるけれど、それはダークな悩みではなくピンク色系の迷いね。あっちとこっちを合わせてみっか？　なんて針や糸を触っていると頭皮と頭蓋骨がほぐれてくる気がする。脳みそまであとちょっと。

引っ越しの際に、手持ちの布や毛糸などごっそりと手放してきた。手芸したくなったら、とにかく「あるもので作る！」と決めて気に入っている物だけを選んで持ってきたのだった。それでもプラスティック衣装ケース一箱分も！

端切れたちは、頭を無にするためのお供だ。小布をランダムに繋げるクレイジーキルト、私は端の始末なしにただただ繋げていく。時を選ばずやりたくなったらチクチクッと。気がつくとあれま！　こんなに大きくなってたの？　とたまに会う親戚の子どものよう。

またコースターのような正方形の布にステッチを入れていくのも無になれる作業だ。刺し子ほど美しい規則性もなしに、こちらもひたすらの運針のみ。もっと小さな布はブローチに。めちゃめちゃな糸の縫い目が愛らしく見えてくるから不思議なものだ。仕舞ってあった夫の指輪を縫い付けてみた。あらいいじゃない？　と白Tシャツの胸に。

端切れから こんなモノができた！

Coaster

正方形の布２枚を重ねてチクチクしました。小花のアップリケでアクセントも♪

座布団カバーはちょっと大きめの布でパッチワーク。思い出のある布たちを集めてね

がま口Pouch

作り始めると止まらなくなるがま口ポーチ。メガネケースなど日々使えるのがいい！

切れ端のまんまの形を生かしたキルト。
これぞ無心に！

5～6センチの小布を重ね縫いしてボタンやリングを縫い付けたらより愛おしいブローチに

ウールとコットンを重ね縫いしたら暖か～いマットができた

お気に入りのギャザースカートを解体
これぞゲームの手芸、リメイクの醍醐味

色と素材が大好きだったギャザースカート、かれこれ十五年くらい前に買ったものだ。厚地のリネンで、歩くと気持ちよくプルプルッと揺れた。

気に入ってはいたものの、ボリュームタップリのギャザーロング丈のスカートは日常着には不向き。お出かけ用として取っておいた。それにしてもかれこれ五年は着ていない。気に入っているからこその決断！　いざいざ！　壊して日々使えるものに作り変えようではないかと決心した。

ギャザーを減らし、はきやすいスカート一枚分を取ってもまだ有り余る布だ。丈や素材がエプロン向きのような気がして、腰をすっぽりと包むほど幅のあるエプロンを縫った。それでもまだ余ってる……。どんだけギャザー寄せてあったんだ!?　とブツブツ独り言しつつ次は

何に？　と考える。これはもうゲーム。使い切ったら私の勝利。リメイクの醍醐味ってこれかもね。

大きめ正方形の布バッグも取れそう！　と、スカートの裾部分がバッグの口になるように合わせた。これもうまくいった〜♪　とニンマリする。小さめの正方形も取れたのでクッションカバーに。手のひらサイズの端切れからはハートの形を二枚切り出す。バッグとクッションにご愛嬌でハートを縫い付ける。

ここまでくると流石《さすが》に小さな端切れしかなくなってきた。使い切るまでもう少しだ〜。三角形のような端切れの形を利用して船に見立て、シーチングのエコバッグにアップリケ。これがラストの一点となった。合計五点。「日々使えるもの」にとタンスで眠っていたスカートが生き返ったような気分よ。コングラッチュレーション。はい優勝。

① 布半分だけ使ってスカート
② 腰をすっぽり包めるエプロンに
③ 大きめの布バッグ
40cm
40cm
40cm
④ 端切れでシーチングバッグにアップリケ♪
⑤ 小さいクッションも、
35cm

It's a game!
ギャザーたっぷりの
スカートから
たっぷりした幅と丈
腰一周りして
前で結ぶヒモ!

動くものが部屋にあると小さな活気が生まれる

ささ〜っとかたわらを茶色の何かが走る気配を時々感じていた。それは犬だ！　十六年もいたんだもの、そうそう気配は消えないよね〜。でもそれも時間と共に薄らいでいったけど。

何か動く気配をギブミー・プリーズ！　というのでもないけれど、風でカーテンが揺れているのを見るのはなんとも心地よいものである。今、ゾウさんモビールと藁で作ったヒンメリ（北欧の飾り物）がゆらゆらとランダムに回っている。

また台所の棚の上では、光に反応するフラガールがかわいく腰を左右に振っている♪　こんなわずかに動くものたちにも、心が穏やかになっていくような気がする。

風や光で反応するものだから、夜になって戸締りすればみんな眠るよ。そんなところも一緒に生活しているようで頼もしい。

小型植木鉢の観葉植物はなるべくハンギングにしたくてバスケットに入れている。こちらもやっぱり風で葉っぱがそよぐところがいい。

新しい住まいは集合住宅なので前の家よりずっと気密性がよく、湿気も籠もりやすい。またひどい結露もあり。いつも風通しを良くしておかないとカビが発生してしまうのだ。

空気が澱《よど》んでいると気持ちもドヨーンとしてくる。単純に空気を澱ませなければドヨーン防止なるはず。動くものが部屋にあると空気の流れがちゃんと見え、小さく活気づくようだ。

「いーねいーね踊ってるね！」とハワイのフラガールに声かけ、ああきれいだ〜とヒンメリの複雑な影に見惚れるよ。

葉っぱやモビールが揺れていると、
なんとなく安心できるのです。遊ん
でいるように見えてくる象たち

太陽の下で踊るフラガールは
台所の仲間でもあり。時々一
緒に腰振りしてます♪

動くものがあると
空気の流れが
見えるよう

古希に向けて希望満々
サップとボディーボードにも挑戦

小田原に住居を移すきっかけとなったのは夫と死別したことだった。夫の仕事場や通勤のことを考慮する必要もなくなったので、一度住んでみたかった海辺の街に移ったのだ。

日々犬と海岸を散歩する暮らしは人生初だったし、穏やかな新しい暮らしがスタートしたからこそ今日までやってこられたんだな～と思う。

「せっかく海の近くに住んでいるのだから海で遊ぼうよ！」と誘ってくれたのは友だち。五年前のことだった。ボードに乗ってパドル（櫂《かい》）で漕いで進むサップというスポーツ。友だちはボードに大きな犬二頭を乗っけて海に出ていた。犬が乗れるんなら私にもできるのでは？と誘いに飛び乗ったよ。しかし大波に煽られてへこたれてからは、波の少ない湖でプカプカ～、時々スイ～ッと楽しんでいる。

1.無理や怪我をしない、2.おいしいおにぎりが食べられたら最高、3.いい笑顔の写真を撮るという、三つが約束のサップだ。
そして今年は「ボディーボードをやろうよ!」と私から友を誘った。サップのボードよりもずっと軽く、持ち運びも楽だしね、海で遊ぶのに丁度いいのではと思ったのだ。こちらも掲げるスローガンはほぼ一緒。1.寒い時期や暑すぎる時はしない、2.深いところまで行かない、3.温泉とビールで締める、である。

ボディーボードをずっとやっている友だちが、いいタイミングで古いボードを譲ってくれたのもラッキー! 技習得など目指すのではなくただただ波と戯れたい。極たまにス～～ッと波に乗れ、気持ちがいい! あと数年で古希だ。古くても希望満々な時代ってことにしよう。どんなきっかけでもうまく摑めばいつでもゴーできるものなんだなあと心から思う。

目を閉じてなんちゃって
瞑想のポーズ。浮き上
がっていくイメージで

ワンコが乗れるのなら私だって？
うほ♪
↑甘かった…。

ただ海水に浸かっているだけで
も体がほぐれてく感じがします。
塩分が効くのかな？

波に乗っているのではなく、
のまれていくところなのが残念！

海や湖で遊ぶときのスローガン

3つのお約束

毎回する写真のためのイエ〜イのポーズ♪　満面の笑みでね

一人になって得た「自由」という翼
その使い方は自分次第

ほぼ一人で過ごす日常だけれど、幸せなことに子どもらはわりと近くに住んでいるし、友だちも遊びに来てくれるので丸三日誰ともしゃべってない、なんてことはない。

一人暮らしには自由時間がいっぱいだ。「家族のためにすること」が激減したから。この生活に慣れていないせいもあり、何をすればいいんだか……という思いと、あれもしなければ、こっちも片付けておかないと！　という思いがいつもせめぎ合っていた。これが若い人たちのフレッシュな一人暮らしスタート気分との大きな違いだろう。

朝、起きて散歩に出る。朝食を食べて仕事をし、体操教室に行き体をほぐし、午後は地域活動の草取りにも参加。一日良くやったよ自分！　と自分褒めは大切だ。五時過ぎたら早めのちょい呑みオッケーとする。一人暮らしになって手に入った自由と時間、それって翼じゃん！　とコンビニの焼き鳥をアテに呑みながら思う。

「一人暮らしになって快適でしょう」と先輩から問いかけられたけれど、即答はできなかった。快適というほど日々快くもなく、かといって耐えられないほどの寂しさを味わっているわけでもない。

先日見かけた車椅子に乗った老婦人の様子が義母さんに似ていてビックリ。それを押す女性もいた。あの二人はどうして義母さんと私ではないんだろ？　と一瞬本気で思った後、我に返った。返った途端にダダダ～と涙が流れた。

義母と老犬のあの介護生活には戻りたくないけれど、懐かしくて泣ける日もあり。翼の使い方は未知だ。

「それ前にも聞いたよ」を怖がらない 重複トークは相手も自分も傷つけず 笑いに変えて

忘れっぽ階段を年々ステップアップしている私だけれど、一度話したことをまたしゃべってしまうという重複トークミスがいっそう増しているらしい（無自覚だから）。子どもらの「お母さんその話もう聞いたよ」とか「それ3回目っ」との指摘の声に呆れと嘲笑の匂いを嗅ぎ取った瞬間、恥ずかしいやら情けないやらの感情がムラムラと湧く。そしてハートがちょっとキズつくの——。

「あ、うん、そうだった？」とかなんとか場を取り繕いつつ感情を収めるも、またやってしまった！と後悔する。友だち同士だと重複トーク率はまたぐんとアップする。

しかし、そこは同年代。

「その話、何度聞いても面白いわ」とか「忘れてた！それね」とうまく交わし合う術《すべ》を互いに心得ているからね。キズつけ回避をしつつおしゃべりを弾ませる。それでも内心では、この話、前に会った折にもしたかもしれないなと思い当たってしまうと、口をつぐみ話すことを心で予習しはじめてしまう。恐々《こわごわ》なおしゃべりほどつまらないものはない。昔は親たちに、私も同じような態度をとってたわ〜と猛省しても時すでに遅し。繰り返されるものよのう。

こうなればもう重複トークをお笑いに変えるしかないね！　キズついたと痛がるよりも、話すことを予習するよりも、自分に甘〜くする。「あら？　また重ね重ね？　失礼しました〜♪」てな感じで軽やかに逃げていいのではと思うよ。

重複トークして指摘されたことを悔やむより、その場で笑い飛ばしたい。我が親や先輩たちもそうやって難を逃れていたはず。そこ見習おうと思う。

お中元、お歳暮は卒業
プレゼント交換はほどほどに
方向を変えて

記念日のプレゼント交換、以前ほどはもうしなくなった。孫らになにか用意するくらいで。また、もらうのも激減よ。クリスマスや誕生日、母の日……そういただいてもねえ。欲しいものもそうないし。

でも今でも記憶に残っているプレゼントがある。それは金色、ブルー、赤の三本が箱にセットされたマニキュアだった。娘からの贈り物。私が一番大変だった時期のことだ。多分気持ちも荒れていたかも。夫や義母の病院通いや、とにかく慌ただしく忙しかった頃の誕生日プレゼントだった。

息子はカラフルなアイスクリームをくれた。目に鮮やかな色の贈り物は和《なご》むものだな〜と心から思ったことだ。普段買わないような、チョイ手を出しにくい物をもらうとやっぱりうれしい。

以前テレビドラマで、お母さんが中年の息子の誕生日プレゼントを迷った挙句、ドンコ（高級な椎茸らしかった）を贈り、料理好きな息子はたいそう喜んでいた！　そうだ、こんなのもありだな〜とテレビに頷いたよ。

お中元やお歳暮はもうしないことに決めた。友人にはこれからカードを頻繁に贈ろうと思っている。クリスマスカードやバースデーカードね。いつも用意しておいてタイミングよく出したい。

プレゼント交換はもうほどほどでいいのでは？　と思う。縮小方向ってことじゃなく、方向をちょっと変えるだけ。

そしてここぞ！　というタイミングで贈り物ができたらそれが一番いい。

「去る者はもちろん追わない。来る者も少しは拒む」これからのお付き合い

「去る者は追わず、来る者拒まず」と潔い諺《ことわざ》があるけれど、歳重ねるごとにもっとの潔さが必要になると思う。

去る者はもちろん追わないけれど、来る者も少しは拒まないと気持ちがいっぱいいっぱいになってしまうから。昔からのお付き合いの友人たち数人で定期的に会って、おしゃべりしたり、ご飯に行ったりは楽しいものだけれど、ある日ふと……もういいかな？　と投げやりっぽく感じたことがあった。

自分でも理由ははっきりとわからなかったけれど、ココロが「もう限界です」と感じたのだと思う。相手に告げるのはとても困難。我ながら理不尽だな〜と思いつつもお付き合い終了とした。

頻繁に合う仲ではないけれど、年に数回会う友だちも数人いる。誘われるままに友人の会合に参加していると、それはけっこうな回数に

なる。抜ける勇気も必要だなと感じるこの頃だ。案外、先方もそう思ってたりしてね。

自由に動き回れる時間や体力がどんどん少なくなっていくのも現実である。気の進まないことについやす時間の負担、もういいかな？と感じたらそれが抜け時なのかもしれない。

ちょっと寂しいけれど、身も心ももっと軽やかにしていきたいという気持ちの方がやっぱり勝つよ。

老いに抵抗しない、でも諦めない
「今の自分」を活かしてとことん楽しむ

築五十年の古いアパート、今どこもリフォームせずに暮らしている。床の張り替えもなし、和室は畳のままカーペットもなしで。茶色の年季の入った柱やガタつくふすま、昭和の佇まいのままだ。

何もいじらずに暮らそうと決めた。今持っている家具や小物を活かし切ることを目標として。

自分自身にも同じ考えだ。歳を重ねた肌や髪、うわべ、隠そうと思ってもそうそう隠し切れるものじゃないしね〜。またエイジをアンチしようとも思わない。現状のエイジを活かし切り、楽しむ方が断然お得だと思うよ。

部屋の真っ白な塗壁には、版画や写真を展示するように飾る。古い柱には大きくて丸い黒ぶちの時計がきりりと映える。古い家だからこそのインテリアだ。

下がってきた瞼《まぶた》や頬、刃物やレーザーでなんとかしたいと思ったこともあったけれど、最小限の保湿クリームだけにした。いつも目をカッと見開くように、口角は上げ気味に……と心がけている。

目、見開くと眉毛も一緒に上がる。口角を上げると自然と顔に弾みがついて笑みが生まれる。笑みが生まれるとついでに何本ものシワが一挙に押し寄せる。笑みとシワはいつも幸せのセット！ と考えると老いも良きものとなる。

もう歳だからといって諦めたり投げ出したりすることと、老いを争ったり隠そうとするそのココロはおんなじかも？ とふと思った。

今しか見るべき自分はいない。今でしょ！ とチョイ前の流行《はや》りフレーズを口に出して言ってみる。毎朝、鏡の前で「今日よね！」と呼応する。古いアパートに越して本当に良かったと思うよ。部屋と私が今とてもマッチしてるように感じるから。

マッチングでグ～ググ～♪ ああ、ギャグさえ楽しいビンテージ。

「明日死んだら」を考えるより、毎朝の目覚めに「サンキュー！」と感謝し続けたい

真夏の昼下がり、昼ご飯の後、ソファーでウトウト。足元の扇風機に煽られたスカートの裾から入ってくる風がまた気持ちいいのなんの。片足は背もたれの上にのせてもう片方も放り出し。スリップ形のワンピースからややはみ乳気味だけれど、この気持ちよさには敵わない。波の音まじるハワイアンＢＧＭにもうっとり、もう死んでもいいわ〜ん♪　と思った途端ハッとした。

発見された時の姿ってこれか？　あまりにだらしなくない？　と。もう一つハッとする。「あれを処分してなかった！」と。捨てようと思ってまとめておいた下着類だ。あれらを誰かに見られるのはいかがなものか。元々ちゃんと整理整頓できている方ではないけれど、まずいものはまずい。おーっと！　朝昼のご飯の食器がまだ洗ってないまんま台所に積んである。と、あまり見せたくない物がけっこうあった。

そんな死んでからのこと想像しても詮ないことだけれど、とにかく古下着だけは処分しておこうと急いでゴミ袋につっこんだわー。

そっかー、こういうのも終活っていうのだろうなと思った。自分がいなくなった後の心配……できるだけきれいにしておきたいなんてね、きっと誰がも思うことだろう。これも見栄のひとつかも。

「もし明日死んだら」と考えて毎日過ごすのは嫌だけれど、毎日朝が来るのが当たり前とは考えずに、布団から起き上がる時ニヤリと笑ってサンキューーッみんな今日もイケるぜ！　くらいな勢いをつけたい。

もしこの姿で発見されたとしたら、家族や友だちなら笑ってくれるかも？　と、ありのままで良しとする決心も必要だな。ソファーで昼寝する時にゃ、思い切りよくリラックスオッケーとしたい。

おわりに

前からやってみたいなと思っていたことの一つにマイＱＲコード作りがあった。あの迷路パズルのような図である。自分のホームページのアドレスを埋め込めば、名刺とかＤＭとかに便利かもと思っていたのだ。

本文中に、レストランでＱＲコードを読み取り四苦八苦してオーダーしたことを書きました。少し前はこわごわだったけれど、もう今では前向き、前傾姿勢よ。そしてとうとうマイＱＲ取得願望へと……。

それはあまりにもあっけなく簡単に作れてしまったのだけれど、それでもマイＱＲが作れたことがとてもうれしくて、早速名刺にプリントしてみた。

ここにも載せておきます！　そして携帯電話のカメラを起動してかざして読み取ってください。そしたら接続です。ＱＲ初体験の方こそ是非やってみて♪　メールくだされればより確実な接続完了に。

まだまだこれからやりたいことはいくつもあり、実現可能なことは「時が来た！」と思えたら飛び乗る心の準備をいつもしておきたい。

スイカを二等分に切るように人生を前半後半と分ける必要なし。ずっと丸っと一個のままで良いではないの♪　と思います。

手に取って読んでくださってありがとう。

「そやそや〜!」「だよね」と、共感本としてくだされば、こんなうれしいことはないです。

最後まで一緒に走ってくださった編集の竹村さんに心からの感謝。

二〇二四年夏　本田葉子

ホホホの本田Style

ブックデザイン　山家由希
ＤＴＰ　美創

本田葉子

Yoko Honda

長野県出身。イラストレーター。
1955年生まれ。2017年10月より神奈川県小田原市に住まいを移す。著書に『おしゃれと暮らしのレシピ』『本田葉子のぬり絵de おしゃれ あなたのBook クローゼット』(ともに東京新聞出版局)などがある。ブログ「ホホホの本田Style」では日々の暮らしを綴り、インスタグラムには毎日の朝ご飯の写真を載せている。

インスタグラム：@yokohonda

ブログ：https://hohoho.pupu.jp/

「おいしいビールを飲むために一生懸命仕事をし、そしてたくさん遊ぶ！」が生活のモットー。

ワクワクする! 67歳からのはじめての一人暮らし

2024年9月5日　第1刷発行

著　者　本田葉子
発行人　見城 徹
編集人　菊地朱雅子
編集者　竹村優子
発行所　株式会社 幻冬舎
〒151-0051 東京都渋谷区千駄ヶ谷 4-9-7
電　話：　03（5411）6211（編集）
03（5411）6222（営業）
公式HP：https://www.gentosha.co.jp/
印刷・製本所　株式会社 光邦

検印廃止

ISBN978-4-344-04340-4　C0095

この本に関するご意見・ご感想は、下記アンケートフォームからお寄せください。
https://www.gentosha.co.jp/e/